Dieses Buch gehört ...

centum

Published 2013. Centum Books Ltd.
Unit 1, Upside Station Building Solsbro Road,
Torquay, Devon, UK, TQ26FD

books@centumbooksltd.co.uk

1D AND ME – Notes, Fun & Facts

Deutschsprachige Ausgabe 2014 durch die
Panini Verlags GmbH, Rotebühlstraße 87, 70178 Stuttgart
Verlagsleitung (Books/Kids): Gabriele El Hag
Redaktion: Nicole Hoffart (verantw.)
Übersetzung: Rainer Buchmüller
Lektorat: Marisa Reinelt
Satz: tab indivisuell, Stuttgart
ISBN 978-3-8332-2950-3

Printed in Poland

www.panini.de

Inhalt

Das bin ich:

Name: ....

Alter: ....

Geburtstag: ....

Sternzeichen: ....

E-Mail: ....

Haarfarbe: ....

Augenfarbe: ....

Größe: ....

Unterschrift: ....

Schule: ....

Klasse: ....

Mein Lieblingsbild von mir

I ♥ HARRY
LIAM
LOUIS
NIALL
ZAYN

Früher & heute

Als ich die fünf
zum ersten Mal sah, dachte ich

....

....

....

Am liebsten mochte ich ....

....

Du kennst das: Kaum ist das Schuljahr rum, kommt schon das nächste – und mit ihm eine neue Challenge. An der Erfolgsstory von One Direction siehst du, was in kurzer Zeit alles passieren kann. Erst träumst du davon, berühmt zu werden, dann lernst du neue beste Freunde kennen, gründest eine megaerfolgreiche Band und plötzlich bist du weltberühmt. Unglaublich, oder?

Heute denke ich

....

....

....

Mein aktueller Liebling ist ....

....

„Unglaublich, wie schnell das alles ging. Von unserem ersten Treffen bis heute. Irgendwie stehen wir noch alle unter Schock. Ich meine, das ist doch völlig unwirklich. Du gewinnst die BRIT Awards, machst die erste UK-Tour, dann deine erste Nummer eins. Ich kann's einfach nicht fassen, dass uns fünf das alles passiert ist. Wir lieben unsere Fans, sie haben uns zu dem gemacht, was wir sind! Und das wollen wir ihnen so oft wie möglich zeigen."

Liam

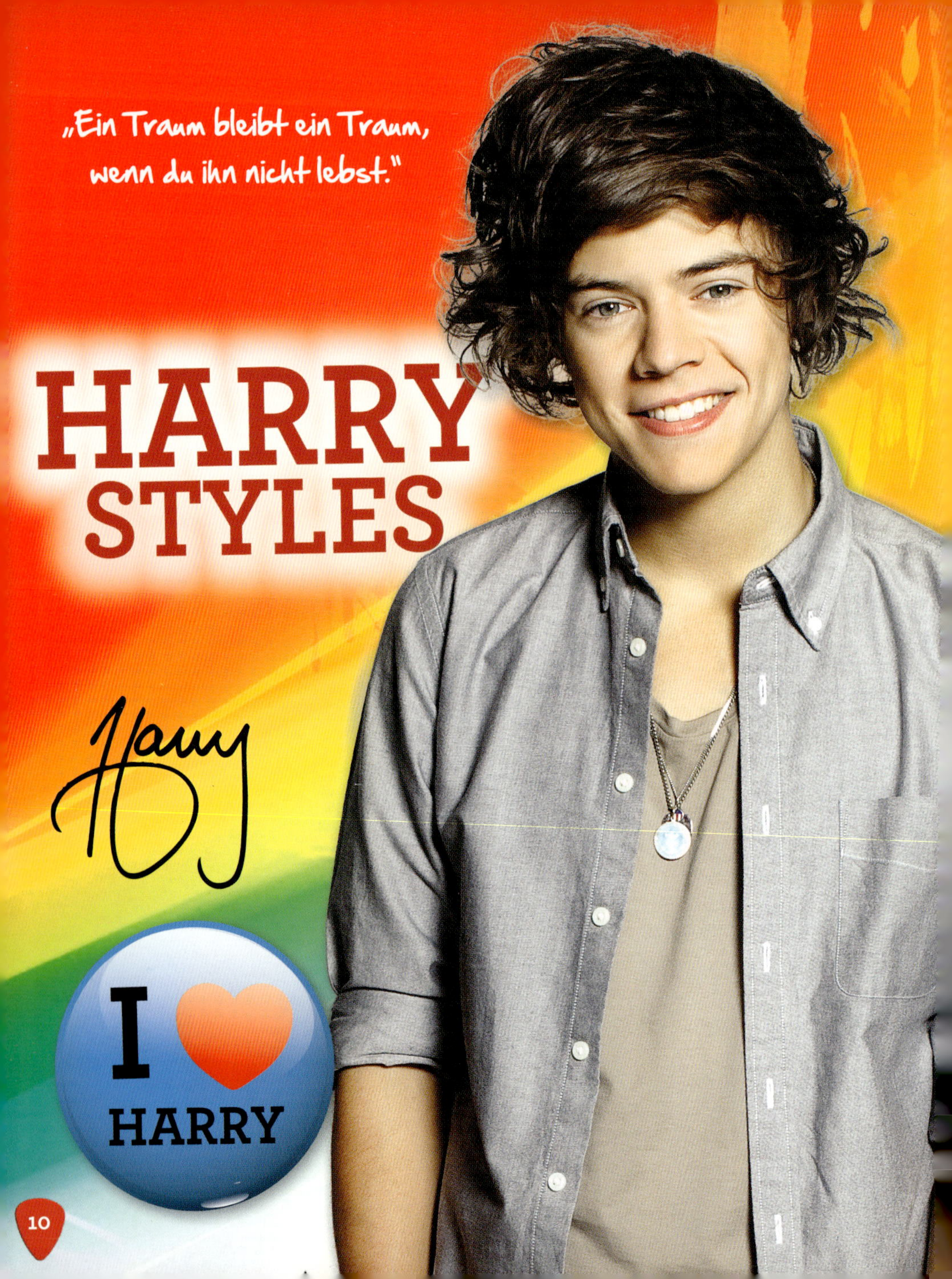
„Ein Traum bleibt ein Traum,
wenn du ihn nicht lebst."
HARRY
STYLES
Harry
I
HARRY

Facts:

Name: *Harry Styles*
Geburtstag: *1. Februar 1994*
Sternzeichen: *Wassermann*
Größe: *178 cm*
Augenfarbe: *Grün*
Geboren in: *Holmes Chapel, Cheshire, England*
Twitter: *@Harry_Styles*

Oberschnuckel Harry ist der Jüngste in der Band. Er ist ein absolutes Multitalent, spricht Französisch, spielt Kazoo und kann super jonglieren – der optimale Ausgleich, wenn man so viel um die Ohren hat. Seine Lieblingsfächer in der Schule waren Mathe, Sport und „Quasseln im Unterricht". Böser Harry!

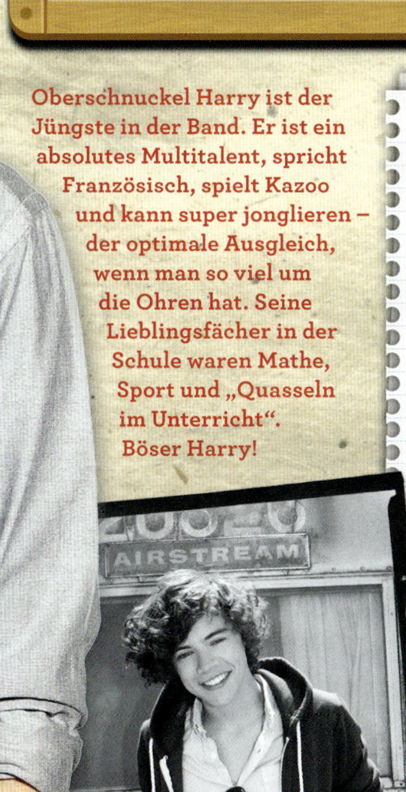

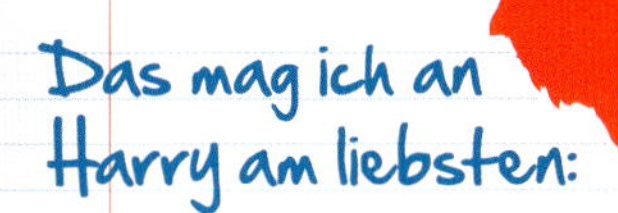

Das mag ich an Harry am liebsten:

„Träume sind wie Sterne: Du wirst sie nie erreichen, aber wenn du ihnen folgst, führen sie dich zu deiner Bestimmung."

LIAM PAYNE

I ♥ LIAM

Facts:

Name: *Liam Payne*
Geburtstag: *29. August 1993*
Sternzeichen: *Jungfrau*
Größe: *178 cm*
Augenfarbe: *Braun*
Geboren in: *Wolverhampton, West Midlands*
Twitter: *@Real_Liam_Payne*

Der süße Liam ist ein totaler Romantiker mit einer Vorliebe fürs Beatboxen. „Und absolut flirtscheu", behauptet er von sich selbst. Voll süß, oder? Sein Spitzname ist „Daddy Directioner", weil er von allen fünf Jungs am erwachsensten wirkt. Liams Lieblingsfach war Sport, vor allem Laufen, Basketball und Boxen.

„Wir lieben, was wir tun, und dass wir die Leute damit auch noch glücklich machen, ist total abgefahren."

LOUIS TOMLINSON

I ♥ LOUIS

Facts:

Name:	*Louis Tomlinson*
Geburtstag:	*24. Dezember 1991*
Sternzeichen:	*Steinbock*
Größe:	*175 cm*
Augenfarbe:	*Blau*
Geboren in:	*Doncaster, South Yorkshire*
Twitter:	*@Louis_Tomlinson*

I ♥ 1D

Der supertalentierte Louis spielt Klavier und hat es zu Hause mit vier jüngeren Halbschwestern zu tun. Schon an der Schule hat er in Musicalproduktionen mitgespielt, unter anderem in Grease, und gezeigt, dass ein Star in ihm steckt. Vor seinem großen Erfolg bei „The X Factor“ war er Filmschauspieler und ist sogar in einer Episode von „Waterloo Road“ zu sehen.

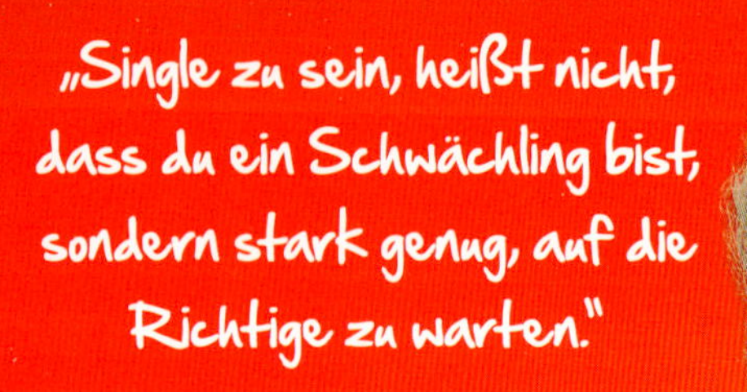

NIALL HORAN

I ♥ NIALL

Facts:

Name: *Niall Horan*
Geburtstag: *13. September 1993*
Sternzeichen: *Jungfrau*
Größe: *171 cm*
Augenfarbe: *Blau*
Geboren in: *Mullingar, Ireland*
Twitter: *@NiallOfficial*

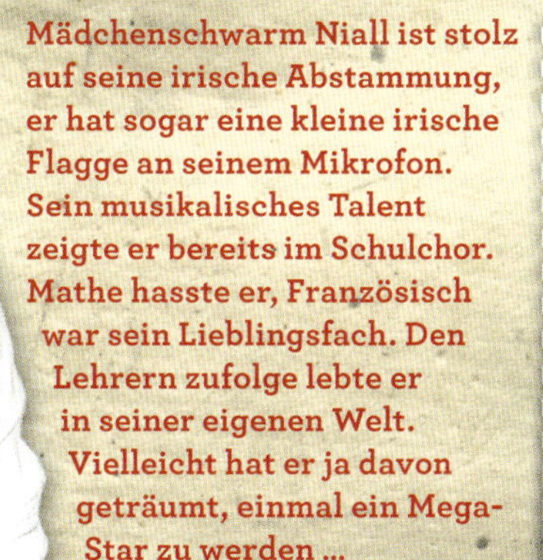

Mädchenschwarm Niall ist stolz auf seine irische Abstammung, er hat sogar eine kleine irische Flagge an seinem Mikrofon. Sein musikalisches Talent zeigte er bereits im Schulchor. Mathe hasste er, Französisch war sein Lieblingsfach. Den Lehrern zufolge lebte er in seiner eigenen Welt. Vielleicht hat er ja davon geträumt, einmal ein Mega-Star zu werden ...

Das mag ich an Niall am liebsten:

„Das Leben ist schräg. Kaum denkst du, du hast den Durchblick, passiert etwas, was alles auf den Kopf stellt."

ZAYN MALIK

I ♥ ZAYN

Facts:

Name:	*Zayn Malik*
Geburtstag:	*12. Januar 1993*
Sternzeichen:	*Steinbock*
Größe:	*175 cm*
Augenfarbe:	*Hellbraun*
Geboren in:	*Bradford, West Yorkshire*
Twitter:	*@ZaynMalik*

Dieser supersympathische Typ hat eine Menge Talente: Er zeichnet und liest gerne, spielt Triangel und ist überhaupt ziemlich clever. In Englisch, seinem Lieblingsfach, hatte er bei der Abschlussprüfung eine Eins. Wow! Er kann zwar nicht schwimmen und fürchtet sich im Dunkeln, aber seine sensible Seite macht ihn nur noch liebenswerter.

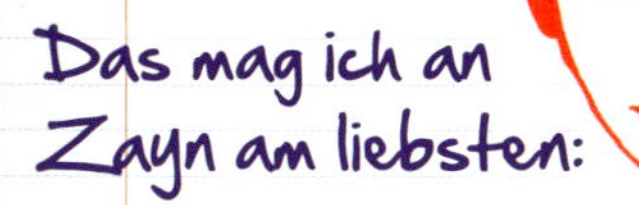

Hammer-Alben

Wenn du dich auf das konzentrierst, was du erreichen willst, und hart arbeitest, kann dich nichts stoppen.

Unglaublich, aber wahr! Das erste Album von One Direction „Up All Night" schoss in 17 Ländern auf Platz eins. Das Album wurde in Schweden, Großbritannien und den USA aufgenommen und im Herbst 2011 veröffentlicht.

What Makes You Beautiful
Gotta Be You
One Thing
More Than This
Up All Night
I Wish
Tell Me A Lie
Taken
I Want
Everything About You
Same Mistakes
Save You Tonight
Stole My Heart

Mein Lieblingssong

auf dem Album ist ....

...

.... weil ....

...

...

....

ONE DIRECTION

UP ALL NIGHT

Viele supercoole Songschreiber und Produzenten wollten mit den fünf Jungs zusammenarbeiten. Am Ende schafften es der Songschreiber Rami Yacoub (Britney Spears, Bon Jovi, Backstreet Boys) und die Produzenten Steve Mac (Westlife, JLS), Red One (Lady Gaga, JLo), Carl Falk (Akon, Taio Cruz, Backstreet Boys) und Toby Gad (Beyoncé, Alicia Keys, Fergie).

Musik-Check

1. Welchen Song schrieb Kelly Clarkson?

   ....

2. Welche Songs schrieben die Jungs von 1D selbst?

   ....

   ....

3. Wie viele Tracks hat das Album insgesamt?..........

Live While We're Young
Kiss You
Little Things
C'mon, C'mon
Last First Kiss
Heart Attack
Rock Me
Change My Mind
I Would
Over Again
Back For You
They Don't Know About Us
Summer Love

Das zweite Album „Take Me Home" wurde weltweit im November 2012 veröffentlicht. Es stürmte in 37 Ländern an die Spitze der Charts. Mit im Boot: der supercoole Sänger Ed Sheeran. Exakt ein Jahr später erschien das megaerfolgreiche Album Nummer drei: „Midnight Memories".

Mein Lieblingssong auf dem zweiten Album ist

....

....

weil ....

....

....

„Ich will, dass die Leute sich das Album anhören und sagen: ‚Wow, das ist One Direction?' Es ist nicht wirklich schnulzig, und Jungs werden es bestimmt genauso mögen wie Mädchen."

Louis über „Take Me Home"

Mein Planer

2014

Wenn du dir fürs nächste Schuljahr viel vorgenommen hast, solltest du gut vorbereitet sein. Dein Planer hilft dir dabei, dass du auch nichts vergisst: Deine Hausaufgaben, Zeit für die Familie, Dates mit deinen BFFs und natürlich die Geburtstage deiner fünf Lieblinge!

I ♥ HARRY

I ♥ NIALL

I ♥ LOUIS

I ♥ ZAYN

September

M	1	8	15	22	29
D	2	9	16	23	30
M	3	10	17	24	
D	4	11	18	25	
F	5	12	19	26	
S	6	13	20	27	
S	7	14	21	28	

Oktober

M		6	13	20	27
D		7	14	21	28
M	1	8	15	22	29
D	2	9	16	23	30
F	3	10	17	24	31
S	4	11	18	25	
S	5	12	19	26	

November

M		3	10	17	24
D		4	11	18	25
M		5	12	19	26
D		6	13	20	27
F		7	14	21	28
S	1	8	15	22	29
S	2	9	16	23	30

Dezember

1	8	15	22	29
2	9	16	23	30
3	10	17	24	31
4	11	18	25	
5	12	19	26	
6	13	20	27	
7	14	21	28	

Weihnachten

2015

Januar

M		5	12	19	26
D		6	13	20	27
M		7	14	21	28
D	1	8	15	22	29
F	2	9	16	23	30
S	3	10	17	24	31
S	4	11	18	25	

Happy New Year!

I ♥ ONE DIRECTION

Februar

M		2	9	16	23
D		3	10	17	24
M		4	11	18	25
D		5	12	19	26
F		6	13	20	27
S		7	14	21	28
S	1	8	15	22	

März

M		2	9	16	23	30
D		3	10	17	24	31
M		4	11	18	25	
D		5	12	19	26	
F		6	13	20	27	
S		7	14	21	28	
S	1	8	15	22	29	

April

M		6	13	20	27
D		7	14	21	28
M	1	8	15	22	29
D	2	9	16	23	30
F	3	10	17	24	
S	4	11	18	25	
S	5	12	19	26	

Ostern

Mai

M		4	11	18	25
D		5	12	19	26
M		6	13	20	27
D		7	14	21	28
F	1	8	15	22	29
S	2	9	16	23	30
S	3	10	17	24	31

Juni

M	1	8	15	22	29
D	2	9	16	23	30
M	3	10	17	24	
D	4	11	18	25	
F	5	12	19	26	
S	6	13	20	27	
S	7	14	21	28	

Juli

M		6	13	20	27
D		7	14	21	28
M	1	8	15	22	29
D	2	9	16	23	30
F	3	10	17	24	31
S	4	11	18	25	
S	5	12	19	26	

August

M		3	10	17	24/31
D		4	11	18	25
M		5	12	19	26
D		6	13	20	27
F		7	14	21	28
S	1	8	15	22	29
S	2	9	16	23	30

I ♥ LIAM

Legende

- ○ 1D-Birthdays
- ★ Feiertage

Schreibe deinen eigenen **Song**

Was willst du dieses Jahr Neues entdecken? Teste deine Songwriter-Qualitäten und schreibe über etwas, was dir wichtig ist. Denk dran: Ein Song verbindet Poesie mit Musik und kommt von Herzen.

In meinem Song geht es um:

Titel:

1. Strophe

Refrain

I ♥ HARRY – LIAM –

2. Strophe

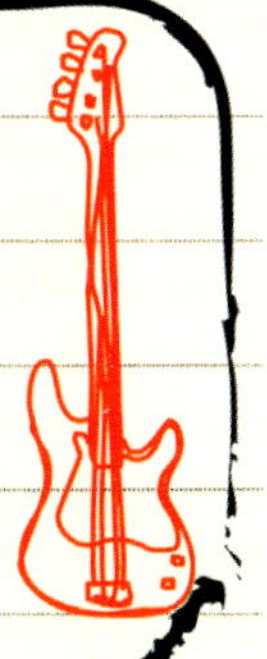

Refrain

3. Strophe

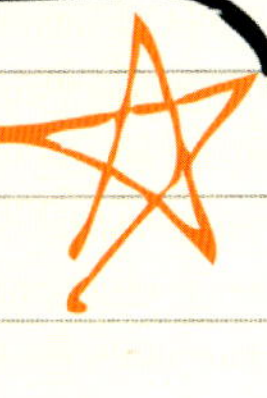

And the Award Goes to ...

Was die Jungs von 1D in den letzten Jahren geschafft haben, ist unglaublich. Dank ihres Talents und ihrer absoluten Hingabe haben sie einen Award nach dem anderen abgesahnt! Dies sind ihre größten Erfolge:

BRIT Award 2013 und 2014 in der Kategorie „Global Success“

BBC Radio 1's Teen Awards 2012: „Best British Album“, „Best British Single“, „Best British Musical Act“

BRIT Award 2012 für die „Best British Single“: „What Makes You Beautiful“

Nickelodeon Kids' Choice Awards 2012 für: „Favourite UK Band", „Favourite UK Newcomer"

MTV Video Music Awards 2012: „Best Pop Video", „Best New Artist", „Most Share-Worthy Video"

Teen Choice Awards 2012: „Choice Music: Breakout Group", „Choice Summer Music Star: Group", „Choice Love Song für ‚What Makes You Beautiful'"

4Music Video Honours 2012: „Best Breakthrough", „Best Group", „Best Video": „What Makes You Beautiful"

Welchen Award würdest du an deiner Schule gewinnen? Wer würde dich dafür nominieren?

Award für den besten Freund/die beste Freundin der Welt, weil

....

....

....

Nominiert von

....

Award für den besten Schüler/die beste Schülerin im Fach

....

Nominiert von

....

Award für superkreative Ideen zum Thema

....

Nominiert von

....

Award für außerordentliche Anstrengungen in einem Fach, das du eigentlich nicht magst:

....

Nominiert von

....

What Makes You Beautiful?

Viele Menschen haben wundervolle Eigenschaften – und sehen sie an sich selbst nicht! Das Beste in anderen erkennen zu können, ist eine großartige Gabe.

Kennst du auch ein paar Dinge, die du an deinen besten Freunden magst, und die sie selbst nicht sehen?

Name: **ist klasse, weil**

Name: **ist klasse, weil**

Name: **ist klasse, weil**

Name: **ist klasse, weil**

Name: **ist klasse, weil**

Behalte es nicht für dich, sondern sage deinen Freunden, wie klasse sie sind!

Du selbst kannst die schönen Dinge in dir nicht immer sehen, andere schon.

Ein Bild von meinen wunderbaren Freunden!

Ein paar Dinge, die andere an dir mögen:

Wenn dir nichts dazu einfällt, helfen dir bestimmt deine Eltern oder eine gute Freundin weiter.

SWEET TWEETS

Total süß, was den Jungs von 1D so alles durch den Kopf geht. Hier sind ein paar ihrer Top-Tweets:

@Real_Liam_Payne
Ich kann mich selbst nicht mehr sehen. Ich seh so verdammt serious aus ... ha

@zaynmalik
Wow das Bett im Tourbus fühlt sich himmlisch an ...:D. X

@Harry_Styles
Heute war der unglaublichste Tag, den ich je hatte, in meinem ganzen Leben ...

@Louis_Tomlinson
Hey, Leute, ich hab diese Woche viel darüber nachgedacht, was wir dank euch so alles erreicht haben, und kann's immer noch nicht fassen!

@NiallOfficial
Hab gestern Abend eine Snackbox und ein matschiges Würstchen verdrückt!

@zaynmalik
Wenn du Glück hast im Leben, solltest du immer dankbar dafür sein und bescheiden und respektvoll bleiben :) x

@Harry_Styles
Hab auf meiner Schulter gepennt, jetzt ist mein linker Arm völlig taub und hängt nur so rum. Sieht irgendwie 10 Zentimeter länger aus als mein rechter. Cool.

@NiallOfficial
Abhängen und rumflachsen! Spaß haben! Familie und Freunde! Das ist cool!

@Louis_Tomlinson
Fußzeh verletzt beim Surfen :(

@Real_Liam_Payne
Hoffe, dass allen unsere Tour gefallen hat, super zu sehen, wie jeder getanzt und mitgesungen hat, unglaubliches Gefühl!

Ich bin ein Follower von:

Tour Guide

1.

2.

3.

4.

Du brauchst keine Eins in Erdkunde, um zu wissen, dass 1D in den letzten Jahren ganz schön rumgekommen sind.

Stell dir vor, du bist ab sofort ihr neuer Tourmanager und übernimmst die Organisation der nächsten Tour. Ordne die Städte den jeweiligen Ziffern zu und zeichne mithilfe von Linien den geplanten Tourverlauf ein.

New York

Paris

Stockholm

Sydney

Tokio

Barcelona

Orlando

Toronto

London

Los Angeles

Lösungen auf Seite 90

1D
Tour Guide
Schau dir die Fotos genau an. Weißt du, in welchen berühmten Städten 1D ihr Publikum so richtig zum Ausrasten brachten?
UNDERGROUND
1.
HOLLYWOOD WALK OF FAME
2.
3.

Plane deinen eigenen Trip um die Welt. Wohin würdest du reisen? Welche Sehenswürdigkeiten würdest du besuchen? Informiere dich im Internet, wo die Jungs von 1D überall waren, und folge ihren Fußspuren.

Lösungen auf Seite 90

Europa

In diese Stadt möchte ich

unbedingt reisen: ....

Das möchte ich dort auf jeden Fall sehen:

1. ....

2. ....

3. ....

Weltweit

In diese Stadt möchte ich

unbedingt reisen: ....

Das möchte ich dort auf jeden Fall sehen:

1. ....

2. ....

3. ....

Du arbeitest gern, hart und viel, aber wie kommst du wieder runter? Was machst du nach der Schule, in deiner Freizeit? Wobei kannst du gut abschalten? Und was wolltest du schon immer mal machen, und hast es bisher nicht geschafft ...?

Markiere (mit einem Kringel o. Ä.), wobei du dich am besten entspannen kannst:

Im Schaumbad relaxen

Auf dem Sofa mit Popcorn und einem Film chillen

Zu meinen Lieblingssongs von 1D tanzen

Eigene Vorschläge:

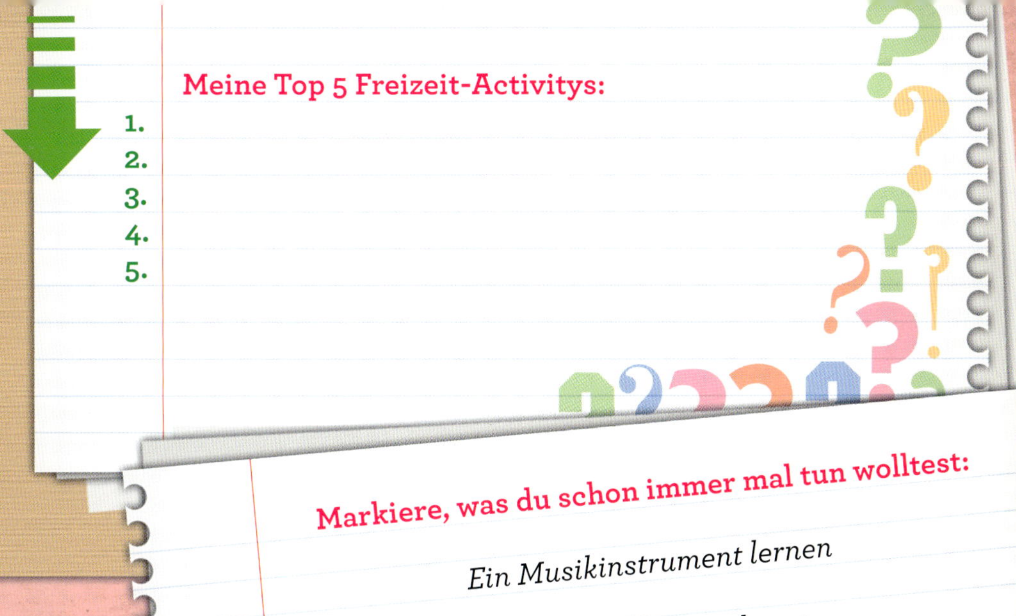

Meine Top 5 Freizeit-Activitys:

1.
2.
3.
4.
5.

Markiere, was du schon immer mal tun wolltest:

Ein Musikinstrument lernen

Tanzunterricht nehmen

Im Schultheater mitspielen

Beim Sportklub anmelden

Eigene Vorschläge:

ONE DIRECTION WORTSUCHE

Hier sind 15 Wörter, die mit 1D zu tun haben. Findest du sie? Sie können vorwärts, rückwärts, aufwärts, abwärts und diagonal stehen.

D	E	Z	H	A	R	R	Y	B	F	E	S	J	I	Z
U	T	K	E	W	E	N	L	Q	U	E	S	T	S	A
E	H	A	R	N	T	O	U	R	C	R	E	B	O	Y
W	E	N	D	I	T	E	J	I	T	E	C	A	B	N
O	B	R	M	A	I	L	G	I	E	L	C	K	P	U
X	R	D	O	N	W	O	O	N	R	I	U	F	E	S
D	I	R	E	C	T	I	O	N	E	R	S	A	N	D
Y	T	C	O	R	X	U	C	I	M	E	Z	A	G	L
A	S	W	L	P	I	D	E	A	S	B	U	Y	N	L
J	U	I	T	S	I	U	O	L	S	O	E	D	I	V
K	O	T	E	D	U	W	A	L	E	L	R	W	H	O
Q	I	R	U	K	P	M	Y	G	N	N	C	U	T	E
H	U	R	O	T	C	A	F	X	E	H	T	Y	E	M
V	O	I	N	E	R	U	S	C	H	T	A	I	N	Y
P	A	L	T	F	E	I	L	E	R	C	I	M	O	C

HARRY
THE BRITS
LOUIS
THE X FACTOR
ONE THING
LIAM
TWITTER
DIRECTIONERS
TOUR
NIALL
SUCCESS
ZAYN
VIDEO
HIT
COMIC RELIEF

Lösungen auf Seite 90

WORTSPIEL

Bist du die Nummer eins in der 1D-Klasse? Wie viele Wörter kannst du mit den Buchstaben in dem Wort

ONE DIRECTION?

bilden?

Weil wir nett sind, haben wir schon mal ein Beispiel vorgelegt! Finde so viele Wörter wie möglich und beobachte, wie du Schritt für Schritt besser wirst.

1 Note
2
3
4
5
6
7
8
9
10
11
12
13
14
15

Nicht schlecht!

Klasse!

Super-klasse!

Lösungen auf Seite 90

Raum für
Notizen

Hast du das Zeug zum Directioner?

Zum Auffrischen ein paar Fragen zu den Jungs von 1D. Hier kannst du deinen Wissensstand prüfen und anschließend checken, ob deine Freunde genauso viel wissen wie du.

I ♥ ONE DIRECTION

Quick Quiz

1. *Welches Bandmitglied hat nur eine funktionierende Niere?*
2. *Wer schenkte Niall eine Tasse mit einem Bild von ihm auf der Toilette?*
3. *Wie heißt Louis mit zweitem Vornamen?*
4. *Welche Songs auf „Take Me Home“ schrieb Ed Sheeran?*
5. *Welcher der 1D -Jungs hat einen Großvater aus Pakistan?*
6. *Wer hat an Heiligabend Geburtstag?*
7. *Wer hat ein Mikrofon-Tattoo auf dem Arm?*
8. *Wer ist in Holmes Chapel aufgewachsen?*

Lösungen auf Seite 90

Multiple Choice ...

1. Harrys Sternzeichen ist:
- a) Löwe ☐
- b) Wassermann ☐
- c) Zwillinge ☐

2. Nialls Lieblingsfarbe ist:
- a) Lila ☐
- b) Rot ☐
- c) Grün ☐

3. Welches Bandmitglied ist ein Frühchen?
- a) Niall ☐
- b) Louis ☐
- c) Liam ☐

4. Wer war Zayns erster Celebrity Crush?
- a) Megan Fox ☐
- b) Nicole Kidman ☐
- c) Angelina Jolie ☐

5. Louis ist ein guter Freund von:
- a) Ryan Giggs ☐
- b) Kylie Minogue ☐
- c) James Corden ☐

6. Wer hat Angst vor Vögeln, die durchs Haus fliegen?
- a) Louis ☐
- b) Harry ☐
- c) Niall ☐

7. Wer trug im Tourbus Rentier-Latschen?
- a) Zayn ☐
- b) Louis ☐
- c) Harry ☐

Lösungen auf Seite 91

Schultagebuch

September

Oktober

November

Dezember

Januar

Februar

März

April

Mai

Juni

Juli

August

SUPERSTAR-STYLING

Ob vor Publikum oder beim gemeinsamen Abhängen und Relaxen, die Jungs sehen immer super aus!

Die fünf von 1D stehen total auf Fashion! Ihre Mischung aus Designerklamotten und Streetwear ist ein echt scharfes Bühnen-Outfit!

1D

1D

1D

1D

ONE
DIRECTION

1D

1D

ONE
DIRECTION

1D

ACCESS ALL AREAS!
1D
VIP
PASS
ONE DIRECTION

ACCESS ALL AREAS!
1D
VIP
PASS
ONE DIRECTION

ACCESS ALL AREAS!
1D
VIP
PASS
ONE DIRECTION

I ♥ ONE DIRECTION

I ♥ ONE DIRECTION

1D
I 1D
ONE DIRECTION
1D
I HARRY
1D
I LIAM
1D
I LOUIS
1D
I NIALL
1D
I ZAYN

I ♥ ONE DIRECTION

ONE DIRECTION

One Direction Presents

ONE DIRECTION

PLUS SPEC

Auch zwischen Konzerten und Auftritten ist ihr Look absolut heiß.

Wie alles anfing

Kannst du dir vorstellen, wie das Leben der fünf aussah, bevor sie bei „The X Factor" zu absoluten Stars wurden? Kaum, oder? Waren sie ganz normale Jungs? Stimmt es, dass Harry hart für die Schule gebüffelt hat und Louis schon immer vom Weltruhm träumte? Schau dir die unten stehenden Fakten an und stell dir vor, dass du und deine BFFs einmal genauso berühmt werden.

Harry

★ wollte Rechtsanwalt werden – er ist ja auch superintelligent und sieht super aus!

★ hat mit 16 in seiner Heimatstadt als Teilzeitkraft in der „W. Mandeville Bakery" gejobbt.

★ hat als Leadsänger mit seiner Band „White Eskimo" einen Bandwettbewerb gewonnen. Einmal ein Star, immer ein Star!

Liam

★ hat am City of Wolverhampton College „Music Technology" studiert.

★ war mal Pfadfinder.

★ ist bei einem Fußballspiel der „Wolverhampton Wanderers" vor über 26000 Leuten aufgetreten.

★ nahm schon 2008 an den Auditions für „The X Factor" teil, wurde aber von Simon Cowell abgelehnt, weil er noch nicht reif genug war.

Louis

★ hat in einem „Vue Cinema" und in der VIP-Lounge der „Doncaster Rovers" gekellnert.

★ war der Star vieler Musicalproduktionen an seiner Schule, unter anderem in „Grease".

★ hat in dem Film „If I Had You – Nur über ihre Leiche" mitgespielt.

Niall

- ★ spielt schon seit seiner Kindheit Gitarre.
- ★ ist schon überall in Irland aufgetreten.
- ★ mochte Geografie von allen Schulfächern am liebsten.

Zayn

- ★ wollte Englisch studieren und Lehrer werden.
- ★ ist vor seiner Karriere noch nie geflogen.
- ★ hatte keinen Reisepass.

Das will die Presse über dein Leben vor deiner Zeit als Star alles wissen:

Meine Lieblingshobbys:

Hier habe ich studiert/gearbeitet:

Mein Lieblingsfach war:

Mein Hassobjekt war:

Meine BFF war:

Mein heimlicher Schwarm war:

Das mochte ich vor meiner Karriere am meisten:

Seit ich berühmt bin, hat sich mein Leben total verändert, weil:

Auf keinen Fall vergessen! Auf keinen Fall vergessen …

Damit du wichtige Dates und Deadlines auf keinen Fall verpasst, musst du deine Zeit gut planen. Stell dir vor, du vergisst den Geburtstag deiner besten Freundin oder den Termin für eine Klassenarbeit. Katastrophe! Gut, dass es den 1D-Zeitplaner gibt. Einfach die unten stehenden Kästchen ausfüllen, dann bist du in Zukunft immer auf der sicheren Seite.

I ♥ 1D

WICHTIG!!!

September

Wichtige Geburtstage:

....

....

Superwichtige Termine:

....

....

Oktober

Wichtige Geburtstage:

....

....

Superwichtige Termine:

....

....

November

Wichtige Geburtstage:

....

....

Superwichtige Termine:

....

....

Dezember

Wichtige Geburtstage:

....

....

Superwichtige Termine:

....

....

Januar

Wichtige Geburtstage:

....

....

Superwichtige Termine:

....

....

Februar

Wichtige Geburtstage:

....

....

Superwichtige Termine:

....

....

WICHTIG!!!

März

Wichtige Geburtstage:

....

....

Superwichtige Termine:

....

....

April

Wichtige Geburtstage:

....

....

Superwichtige Termine:

....

....

Mai

Wichtige Geburtstage:

....

....

Superwichtige Termine:

....

....

Juni

Wichtige Geburtstage:

....

....

Superwichtige Termine:

....

....

Juli

Wichtige Geburtstage:

....

....

Superwichtige Termine:

....

....

August

Wichtige Geburtstage:

....

....

Superwichtige Termine:

....

....

Verirrte Worte

Klar kennst du die Hits von 1D. Aber wie gut kennst du sie wirklich? Mal schauen, was du so draufhast.

Zu welchen Songs gehören diese durcheinandergeraten Texte?

1. *baby yeah take I'll you there*
2. *freckles joining and on I'm up cheeks the dots the with your*
3. *another one gonna way or see I'm ya*
4. *crazy let's 'til go crazy we see the crazy sun*
5. *I heart hear the louder beat of my getting*
6. *replay on replay she's on Katy Perry's*
7. *make-up cover need don't to up*
8. *you're me shot sky out of my kryptonite the*

Wie geht der Text weiter?

9. *You're turning heads when you walk through the door ...*

10. *Now girl I hear it in your voice and how it trembles ...*

11. *And find a girl and tell her she's the one ...*

12. *Come on and let me sneak you out ...*

13. *And if the lights are all out ...*

Zu welchen Songs gehören die Texte?

14. *I wanna hold you, wanna hold you tight*

15. *Oh, tell me tell me tell me how to turn your love on*

16. *And girl what a mess I made upon your innocence*

17. *I die a little*

18. *Being the way that you are is enough*

Lösungen auf Seite 91

Dein heimlicher Crush

Die Jungs von 1D sind total süß, und jeder hat etwas, was die anderen nicht haben, aber mal ehrlich: Wer ist dein heimlicher Crush?

Ich steh total auf:

Denn ...

I ♥ ONE DIRECTION

PINNWAND

I ♥ ONE DIRECTION

I ♥ HARRY

Platz für ein Bild

I ♥ ZAYN

Platz für ein Bild

1D

Süüüß!

I ♥ LOUIS

Platz für ein Bild

Platz für ein Bild

I ♥ LIAM

I ♥ NIALL

MEINE SCHÖNSTEN BAND-MOMENTE

Klar magst du alles rund um die Jungs von 1D, aber was sind deine Top-1D-Momente? Und woran wirst du dich dein Leben lang erinnern?

Ich fand's total lustig, als ...

Das war echt super, als ...

Es war unglaublich süß, als die fünf ...

Dass die fünf sich super verstehen, wurde mir klar, als ...

Am allerlustigsten fand ich , als er ...

Ich wär sooo gern dabei gewesen, als ...

I ♥ 1D

Meine Top 5 1D-Momente:

1.

2.

3.

4.

5.

Wer sagt was?

Mit coolen Zitaten haben's die 1D-Boys voll drauf. Kennst du dich aus und weißt, wer was gesagt hat? Ordne die Bilder den richtigen Zitaten zu.

1. „Wer nicht perfekt aussieht, kann trotzdem schön sein."

2. „Wir haben die Wahl: leben oder existieren."

3. „Prüfe dich selbst, bevor du andere verurteilst."

4. „Mädchen, fragt nicht immer, ob ihr mich umarmen dürft. Tut es einfach. Ich bin nur ein ganz normaler Junge."

5. „Das Leben ist kurz. Genieße es."

6. „Egal, wie oft dich andere kritisieren, die beste Antwort ist, ihnen das Gegenteil zu beweisen."

7. „Lebe den Moment, du weißt nie, was kommt."

8. „Nehmt mich, wie ich bin, weil ich so bin, wie ich bin."

9. „Jemanden, den ich liebe, werde ich immer verteidigen."

10. „Unglaublich, aber wahr. Selbst im Schlaf träume ich davon, meine Fans zu treffen."

Lösungen auf Seite 91

Tagtraum-Tagebuch

Das neue Schuljahr steht vor der Tür. Nimm dir etwas Zeit für alles, was dir so durch den Kopf geht. Was sind deine Ziele? Was hast du aus der Vergangenheit gelernt? Was sind deine Träume und Wünsche, aber auch Ängste und Zweifel? Schreibe alles auf und lass deiner Fantasie freien Lauf.

Datum:

Liebes Tagebuch,

Liebes Tagebuch,

I ♥ Harry
Liam
Louis
Niall
Zayn

MEINE TALENTE

Hast du auch besondere Talente wie die Jungs von One Direction? Was kannst du am besten?

Mein größtes Talent:

Mein bestes Schulfach:

Das kann ich auch gut:

Das sind meine Stärken (sagt mein Lieblingslehrer):

Meine beste Freundin mag mich, weil:

Das habe ich nach meinem Schulabschluss vor:

An diesen Talenten arbeite ich noch:

1.

2.

3.

Ich habe ein geheimes Talent, das aber noch niemand kennt. Psssst!

KAMERA LÄUFT ... UND ACTION!

Zeit für die nächste Challenge! Wir drehen einen Film und planen alles Schritt für Schritt, wie bei einem Schulprojekt, nur viel spannender!

Aufgabe:

Stell dir vor, du sollst einen Film mit One Direction drehen und auch noch mitspielen. Wie würde der aussehen? Wer wären deine Stars? Wie viel Geld bräuchtest du für die glamourösen Sets, Privat-flugzeuge und Luxus-hotels?

I ♥ ONE DIRECTION

Filmtitel:

Film-Genre:

- ☆ Romantische Komödie
- ☆ Trauriger Mädchenfilm
- ☆ Actionfilm
- ☆ Science-Fiction-Film
- ☆ Horrorfilm

Wer spielt mit?

Total coole Hauptdarsteller: 1D

Worum geht's?

Anfang:

Schluss:

Mittelteil:

Kosten:

GENEHMIGT

Millionen Euro

I ♥ ONE DIRECTION Schul-Highlights

Du willst die Jungs von 1D noch besser kennenlernen? Und ihnen ein bisschen näherkommen? Okay. Hier erfährst du alles über die Highlights, aber auch ihre Probleme in ihrer Schulzeit.

Lies, wie es den 1D-Boys in der Schule erging, und schreib deine eigenen Erfahrungen auf.

Lieblingsfächer:

Harry: Mathe, Sport

Niall: Französisch

Zayn: Englisch, Kunst, Theater

Liam: Sport

Louis: Theater

Mein Lieblingsfach:

Highlights:

Louis: Hatte die Hauptrolle in einer Musicalproduktion von „Grease“

Zayn: Hat die Abschlussprüfung in Englisch ein Jahr früher mit einer 1 abgeschlossen

Niall: War Sänger im Schulchor

Meine Schul-Highlights bisher:

Schulprobleme:

Niall: Hatte ziemliche Schwierigkeiten in Englisch und Mathe.

Liam: Wurde gemobbt und ging in ein Box-Camp, um sein Selbstbewusstsein zu stärken.

Louis: Hatte ganz schön mit dem Abi zu kämpfen, weil er immer nur ans Berühmtsein dachte.

Meine Probleme:

Berufswunsch:

Harry: Rechtsanwalt

Louis: Schauspieler

Zayn: Englischlehrer

I ♥ HARRY

Mein Berufswunsch:

Darauf freue ich mich in diesem Jahr:

Meine aktuellen BFFs:

Meine Lieblingslehrer:

Meine Ziele:

Girl-Power!
Wäre das nicht cool? Neben den 1D-Boys gibt es eine zweite Supergroup – nur mit Girls. Und du bist dabei! Und natürlich deine vier besten Freundinnen. Girl-Power pur! Hier kannst du schon mal planen, wie es ist, wenn ihr Superstars seid.
So heißt unsere Band:
Das sind unsere Künstlernamen:
So heißt unser eigenes Parfüm:

Unser Musikstil:
Unser Fashion-Style:
Unsere erste Single:
Unsere Celebrity-Fans:
In diesen Län-dern gehen wir auf Tour:
Wenn wir berühmt sind, werden wir ...

Mein Album-Cover

So würde mein Cover für „Up All Night“ aussehen:

Du stehst auf Kunst und Design? Super! Hier kannst du deiner Kreativität freien Lauf lassen. Entwirf dein eigenes Album-Cover und lass die Musik in Bildern sprechen. Alles ist erlaubt: Zeichnen, Malen, Bilder einkleben und, und, und ...

Und das ist mein Vorschlag für das erste Album meiner Band:

Arme Promis!

In Privatjets durch die Welt reisen. Ständig bedient werden. Den ganzen Tag schlafen, bevor man auf die Bühne geht. Ganz schön heavy, oder? Jedenfalls solltest du gut darauf vorbereitet sein, wenn's so weit ist!

Das Schöne am Berühmtsein wäre: ....

....

....

Das weniger Schöne am Berühmtsein wäre: ....

....

....

Das würde ich mir mit meinem vielen Geld alles kaufen: ....

....

....

I ❤ ONE DIRECTION

Dafür würde ich am meisten spenden: ....

....

....

Mein bester Celebrity-Freund/Meine beste Celebrity-Freundin

wäre: ....

....

Hier würde ich die meiste Zeit wohnen:...

....

....

Ich hätte aber auch noch ein Haus oder eine Wohnung in: ....

....

....

Träumt nicht jeder davon, berühmt zu sein? Du bist total beliebt und jeder will wissen, wie du tickst. Alle wollen ein Interview mit dir, aber du sprichst natürlich nur mit den allercoolsten Mags.

Stell dir vor, du wirst von einem supercoolen Magazin interviewt. Was würdest du auf folgende Fragen antworten?

Was magst du am Berühmtsein am meisten?

....

....

....

....

....

....

Was magst du am Berühmtsein am wenigsten?

....

....

....

....

....

....

....

Du bist nun schon eine Weile auf Tour. Was vermisst du am meisten?

....

....

....

Was ist das Verrückteste, was dir jemals auf Tour passiert ist?

....

....

....

....

....

....

Wie ist das so, wenn man mit seinen besten Freunden unterwegs ist?

....

....

....

....

....

Wo ist dein nächster Gig?

....
....
....
....
....
....

Was ist deine Lieblingsstadt?

....
....
....
....
....

Was ist dein liebster After-Show-Snack?

....
....
....
....
....

Was inspiriert dich am meisten?

....
....
....
....
....

Hast du irgendwelche Diva-Allüren?

....
....
....
....
....
....

Mit welcher Band wärst du am liebsten auf Tour?

....
....
....
....
....
....
....

Mein TRAUM-URLAUB

Ein Traum wird wahr: Du darfst deinen perfekten Urlaub planen. Und jetzt kommt's: Die Jungs von 1D sind mit dabei und den ganzen Tag nur für dich da. Du musst nur noch ein paar Fragen beantworten, und schon kann's losgehen.

Hier würde ich meinen Traumurlaub mit ONE DIRECTION verbringen:

- ☐ Auf einer Insel
- ☐ In einer total abgefahrenen Stadt
- ☐ Weit draußen in der Pampa
- ☐ Am Strand
- ☐ Beim Campen auf einem Festival
- ☐ Irgendwo anders, zum Beispiel:

Das würde ich alles mitnehmen:

Das darf auf keinen Fall zu Hause bleiben:

Diese Freunde wären definitiv dabei:

Damit würde ich am liebsten reisen:

- ☐ Flugzeug
- ☐ Privatjet
- ☐ Auto
- ☐ Helikopter
- ☐ Jacht
- ☐ Schnellboot
- ☐ Zug
- ☐ Fahrrad

Mein Schulhalbjahres-Planer

Jedes Schulhalbjahr ist anders als das zuvor. Und jedes hat seine Highs und seine Lows. Damit du immer das Beste dabei rausholst und am Ende zufrieden bist, gibt es ein paar Dinge zu beachten …

Winterhalbjahr

Top 3 Dinge, die ich in

diesem Halbjahr erreichen will:

1.

2.

3.

Darauf freu ich mich jetzt schon am meisten:

Damit werde ich wahrscheinlich zu kämpfen haben:

1.

2.

3.

So werde ich mit meinen Problemen fertig werden:

1.

2.

3.

Sommerhalbjahr

Top 3 Dinge, die ich in diesem Halbjahr erreichen will:

1.

2.

3.

Darauf freu ich mich jetzt schon am meisten:

Damit werde ich wahrscheinlich zu kämpfen haben:

1.

2.

3.

So werde ich mit meinen Problemen fertig werden:

1.

2.

3.

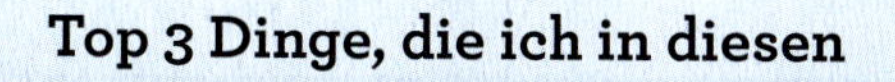

Top 3 Dinge, die ich in diesen Sommerferien machen möchte:

1.

2.

3.

Darauf freue ich mich jetzt schon am meisten:

Das wird wohl nicht so toll werden:

1.

2.

3.

Deshalb werden diese Sommerferien einsame spitze:

Meine 1D-Party

Was hältst du von einer 1D-Pyjama-Party? Super Idee, oder? Hier schon mal ein paar coole Tipps, damit diese Nacht unvergesslich wird ...

Essen

Leckeres Essen ist superwichtig. Und was Gesundes sollte auch dabei sein. Außerdem: Immer checken, ob jemand eine Nahrungsmittelallergie hat.

Unser Tipp: die Lieblingsessen der 1D-Boys: Pasta, Pizza und Eis. Mhmm!

Deko

Passend zum Thema bringt jeder seine 1D-Lieblingsposter und 1D-Lieblingsbilder mit. Die könnt ihr dann überall in deinem Zimmer aufhängen. Natürlich nur mit Erlaubnis deiner Eltern!

Spiele & Musik

Die Band des Abends steht auf der Playlist natürlich ganz oben. Um das Ganze so richtig spannend zu machen, schreibt jeder seinen 1D-Lieblingstrack auf ein Stück Papier, du zählst die Stimmen aus (geheim, das ist klar) und spielst die Songs in der Reihenfolge ihrer Beliebtheit ab. So hören alle ihre 1D-Lieblingslieder. Super, oder?

Jetzt, wo eure Top-1D-Songs klar sind, denkt sich jeder ein paar coole Dance-Moves dazu aus, und die Party kann beginnen!

Natürlich könnt ihr vorher oder zwischendurch ein paar Spiele machen. Unsere Tipps: eine spezielle 1D-Version von „Reise nach Jerusalem“, bei der ihr nur die Hits von 1D abspielt. Oder eine Variante von „Wahrheit oder Pflicht“ mit Fragen rund um die Jungs von 1D, zum Beispiel: „In wen der fünf warst du schon einmal verknallt?“ oder „Wen der fünf würdest du auf der Stelle heiraten?“ Eurer Fantasie sind dabei selbstverständlich keine Grenzen gesetzt.

Danke

Schieße jede Menge Fotos von deinen BFFs. Die Schönsten kannst du später ausdrucken und deinen Freundinnen schenken. Mit einer speziellen Widmung hinten drauf – und einem Dankeschön fürs Kommen!

LÖSUNGEN

Seite 20

1. *Tell Me A Lie*
2. *„Everything about you“, „Taken“ und „Same mistakes“*
3. *13*

Seite 32–33

1. *Toronto, Kanada*
2. *Los Angeles, USA*
3. *New York, USA*
4. *Orlando, USA*
5. *London, UK*
6. *Stockholm, Schweden*
7. *Paris, Frankreich*
8. *Barcelona, Spanien*
9. *Tokio, Japan*
10. *Sydney, Australien*

Seite 34

1. *London, UK*
2. *Los Angeles, USA*
3. *Paris, Frankreich*
4. *Tokio, Japan*

Seite 38

D	E	Z	H	A	R	R	Y	B	F	E	S	J	I	Z
U	T	K	E	W	E	N	L	Q	U	E	S	T	S	A
E	H	A	R	N	T	O	U	R	C	R	E	B	O	Y
W	E	N	D	I	T	E	J	I	T	E	C	A	B	N
O	B	R	M	A	I	L	G	I	E	L	C	K	P	U
X	R	D	O	N	W	O	O	N	R	I	U	F	E	S
D	I	R	E	C	T	I	O	N	E	R	S	A	N	D
Y	T	C	O	R	X	U	C	I	M	E	Z	A	G	L
A	S	W	L	P	I	D	E	A	S	B	U	Y	N	L
J	U	I	T	S	I	U	O	L	S	O	E	D	I	V
K	O	T	E	D	U	W	A	L	E	L	R	W	H	O
Q	I	R	U	K	P	M	Y	G	N	N	C	U	T	E
H	U	R	O	T	C	A	F	X	E	H	T	Y	E	M
V	O	I	N	E	R	U	S	C	H	T	A	I	N	Y
P	A	L	T	F	E	I	L	E	R	C	I	M	O	C

Seite 39

Lösungsmöglichkeiten: CD, in, Tor, rot, Tier, drei, nein, Eier, oder, dort, Neon, deine, reden, reiten, Norden

Seite 42

1. *Liam*
2. *Harry*
3. *William*
4. *„Take me home“ und „Over again“*
5. *Zayn*
6. *Louis*
7. *Zayn*
8. *Harry*

Seite 43

1. b
2. a
3. c
4. a
5. c
6. c
7. b

Seite 54–55

1. Baby I'll take you there, yeah, „Kiss You"
2. And I'm joining up the dots with the freckles on your cheeks, „Little Things"
3. One way or another I'm gonna see ya, „One Way Or Another (Teenage Kicks)"
4. Let's go crazy, crazy, crazy 'til we see the sun, „Live While We're Young"
5. I hear the beat of my heart getting louder, „I Wish"
6. Katy Perry's on replay, She's on replay, „Up All Night"
7. Don't need make-up, To cover up, „What Makes You Beautiful"
8. Shot me out of the sky, You're my kryptonite, „One Thing"
9. Don't need make up, „What Makes You Beautiful"
10. When you speak to me I don't resemble who I was, „Gotta Be You"
11. Hold on to the feeling, „Up All Night"
12. And have a celebration, a celebration, „Live While You're Young"
13. I'll follow your bus downtown, „One Way Or Another (Teenage Kicks)"
14. „One Way Or Another (Teenage Kicks)"
15. „Kiss you"
16. „Gotta Be You"
17. „I Wish"
18. „What Makes You Beautiful"

Seite 62–63

1. Zayn
2. Harry
3. Zayn
4. Niall
5. Zayn
6. Zayn
7. Louis
8. Harry
9. Niall
10. Liam

ONE DIRECTION

I ♥ 1D